L'AÉROPORT

Conception :
Christophe Hublet

Texte :
Émilie Beaumont
Sabine Boccador

Images :
Christel Desmoinaux

ÉDITIONS FLE

L'arrivée à l'aéroport

Un aéroport occupe généralement beaucoup d'espace.
Quand on s'en approche, on aperçoit de grands
bâtiments qui accueillent les voyageurs au départ et à
l'arrivée des avions. À l'arrière, les pistes de décollage
et d'atterrissage s'étendent à perte de vue.

Les avions décollent ou
atterrissent sur la piste
toujours face au vent.

Si on arrive à l'aéroport en voiture, il faut d'abord la garer au parking. À l'entrée, on prend un ticket qu'il faut bien conserver.

Quand on gare la voiture, il faut relever le numéro de sa place de parking et même l'inscrire sur un papier pour ne pas l'oublier.

Pour accéder au niveau de l'aérogare de départ, on prend l'ascenseur.

Pour transporter sans effort les bagages du parking à l'aérogare, des chariots sont mis à la disposition des voyageurs.

L'aérogare de départ

L'aérogare de départ est un endroit très animé. Il est composé de plusieurs halls. Pour s'orienter facilement, il faut s'adresser au bureau d'informations ou consulter les panneaux d'affichage des départs.

Dans l'aérogare, on trouve différentes boutiques, des cafés, des restaurants, des banques, des lieux de culte, des postes de police et même un service médical d'urgence !

Des voyageurs achètent un sandwich à la cafétéria, d'autres se procurent un magazine au kiosque.

Le panneau d'affichage indique pour chaque vol l'heure de départ et le numéro du guichet d'enregistrement. Il annonce si l'avion a du retard.

Ces voyageurs sont arrivés en retard et ont raté leur avion : ils doivent changer leurs billets auprès du comptoir de leur compagnie aérienne.

Les départs se font généralement au premier étage. Il est ainsi plus facile de rentrer directement dans l'avion.

Quand on se donne rendez-vous dans l'aérogare, le plus simple est de se retrouver au point de rencontre. C'est un endroit facile à repérer.

L'enregistrement

Les voyageurs font la queue devant le guichet d'enregistrement correspondant à leur vol. L'hôtesse prend les billets et attribue des numéros de place dans la cabine pour établir les cartes d'embarquement. Elle enregistre aussi les bagages qui voyageront dans la soute de l'avion.

Les passagers peuvent garder un bagage à main pas trop encombrant, qui sera rangé dans les coffres à bagages de la cabine de l'avion.

Pour des vols dans les pays lointains, il faut se présenter à l'enregistrement 1 à 2 heures avant le décollage.

Les bagages sont pesés et l'hôtesse leur attache une étiquette avec un numéro d'enregistrement, le numéro du vol et les aéroports de départ et d'arrivée.

Les bagages disparaissent derrière un rideau sur un long tapis roulant. Ils seront chargés sur des chariots puis transportés jusqu'à l'avion.

Les passagers qui n'ont pas de gros bagages peuvent s'enregistrer eux-mêmes sur une borne automatique.

Après l'enregistrement, l'hôtesse remet les cartes d'embarquement de toute la famille. Il ne faut surtout pas les perdre, car elles doivent être présentées au moment de monter dans l'avion.

La zone de contrôle

Avant d'embarquer, les passagers doivent passer par la zone de contrôle. Là, les agents de sécurité vérifient qu'ils n'emportent pas dans la cabine de l'avion des objets dangereux, comme des ciseaux ou un couteau.

Une pancarte indique les objets qui sont interdits dans la cabine de l'avion.

Tous les passagers passent dans les portiques de « sûreté », qui détectent les objets en métal.

Tous les bagages à main doivent
être posés sur le tapis roulant pour
que leur contenu soit vérifié par
l'appareil de contrôle électronique.

Le portique vient de sonner : l'agent
de sûreté passe un détecteur de métaux
sur le corps du passager. C'est sûrement
à cause du bouton de son pantalon !

Certains vêtements et parfois
des chaussures comme les
bottes doivent passer dans
l'appareil de contrôle.

Sur son ordinateur, l'agent de sûreté
contrôle l'intérieur de chaque bagage à main.
S'il détecte un objet interdit, il le confisque.

La préparation de l'avion

Avant que les passagers ne montent à bord, de nombreux points sont vérifiés dans l'avion, les réacteurs sont inspectés, le plein de carburant est fait. On procède aussi au nettoyage de la cabine, où prendront place les voyageurs. Les bagages sont mis dans la soute, les repas et les boissons sont chargés à bord.

Cette passerelle permet aux passagers d'accéder à l'avion.

1. Ce tracteur fait reculer ou avancer l'avion avant son départ.

2. Le tapis roulant permet aux bagages d'accéder à la soute.

3. Cette machine fabrique de l'électricité pour l'avion.

4. Le train de chariots transporte les bagages de l'aérogare à l'avion.

5. Ce camion envoie dans les ailes du kérosène, le carburant dont l'avion a besoin pour fonctionner.

Grâce à l'élévateur, les repas sont chargés dans l'avion.

Les mécaniciens contrôlent minutieusement les réacteurs et le train d'atterrissage.

⑤

L'embarquement

Une hôtesse annonce dans un micro que les passagers du vol sont priés de se présenter à l'embarquement. Les passagers donnent leurs cartes d'embarquement à l'hôtesse. Les enfants seuls et les personnes handicapées montent avant les autres.

Au moment de monter dans l'avion, il faut présenter sa carte d'embarquement.

Les passagers gagnent la passerelle qui est reliée à l'avion. Parfois, l'appareil n'est pas garé près de l'aérogare : il faut prendre un bus pour le rejoindre.

À l'entrée de l'avion, le personnel de bord accueille les passagers. Les hôtesses de l'air et les stewards indiquent à chacun où est sa place.

En attendant l'heure de l'embarquement, on peut faire des achats dans des magasins dont les prix sont moins élevés qu'ailleurs.

Une fois arrivés à leur place, les passagers rangent leurs affaires dans les coffres à bagages placés au-dessus des sièges. Puis ils s'installent et laissent monter les autres. C'est très étroit dans l'avion.

Avant le décollage

Le commandant de bord et son copilote prennent place dans le cockpit, qui est la cabine de pilotage de l'avion. Ils procèdent aux dernières vérifications et se renseignent sur la météo. Une fois que tous les passagers sont bien assis, le commandant donne au micro des indications sur le vol.

Quand chaque passager est installé à sa place, il attache sa ceinture. Cela est obligatoire au moment du décollage et de l'atterrissage, et parfois en cours de vol.

Le personnel donne des consignes de sécurité aux passagers. Il explique comment fonctionnent le masque à oxygène et le gilet de sauvetage.

L'avion démarre. Il roule pendant un certain temps avant de rejoindre la piste de décollage. Puis il prend de la vitesse et finit par se soulever du sol : c'est le décollage.

La tour de contrôle surplombe l'aéroport du haut de ses 40 mètres. Là, les contrôleurs aériens donnent les indications nécessaires au commandant de bord pour décoller et atterrir en toute sécurité.

L'atterrissage

À plusieurs centaines de kilomètres de la destination, l'avion commence sa descente. Le commandant de bord intervient au micro pour prévenir les passagers qu'ils doivent regagner leur place et attacher leur ceinture. Au moment d'atterrir, il communique la température extérieure et remercie les passagers d'avoir choisi sa compagnie aérienne.

Pendant l'atterrissage, les réacteurs font un bruit assourdissant.

Avant de se poser sur la piste, l'avion sort les roues de son train d'atterrissage. Dès qu'elles touchent le sol, le pilote freine.

Avant l'atterrissage, les passagers rangent leurs affaires et remontent leur siège et leur tablette. Il ne faut pas oublier d'attacher sa ceinture.

Quand il a atterri, l'avion roule jusqu'à la zone de stationnement et s'approche de la passerelle qui permettra aux passagers de rejoindre l'aérogare.

Quelquefois, les passagers descendent de l'avion par un escalier et rejoignent un bus qui les conduit à l'aérogare d'arrivée.

Parfois, l'avion ne repart pas tout de suite. Il est garé dans un grand hangar pour y être inspecté ou subir des réparations avant de repartir vers une prochaine destination.

L'aérogare d'arrivée

Les passagers se dirigent vers la zone de récupération des bagages. Sur un grand tapis roulant, les sacs et les valises défilent les uns après les autres. Il faut être attentif pour récupérer les siens. Après quoi, il ne reste plus qu'à les charger sur un chariot.

Pour se repérer dans la zone des bagages, on lit l'écran qui indique le vol et l'aéroport d'où l'on vient.

Les bagages défilent sur un tapis roulant. Les passagers saisissent leur bagage quand il passe devant eux.

Les bagagistes sortent de la soute les bagages des passagers. Ils les chargent sur un petit train de chariots qu'ils conduisent dans l'aérogare.

Lorsqu'un passager ne retrouve pas ses bagages, il se rend au service des réclamations de la compagnie aérienne, qui les lui fera parvenir plus tard.

À la sortie de l'aéroport, des taxis sont à la disposition des voyageurs, mais aussi des bus et des métros dans les grandes villes.

Quand on revient de l'étranger avec des achats importants, il faut passer par la douane pour les déclarer. S'il ne s'agit que de quelques souvenirs, cela n'est pas nécessaire.

le monde des imageries

Dès 1 an

Des livres qui grand

Découvre tes pr

L'imagerie de la lecture NIVEAU 1

L'imagerie de la lecture NIVEAU 2

La nouvelle imagerie des enfants

Plus de 15 millions d'imagerie

L'imagerie des loisirs

L'imagerie de la montagne

L'imagerie de la ville

L'imagerie des enfants du monde

L'imagerie des dinosaures et de la préhistoire

L'imagerie de la ferme

Les imageries, c'est plein d'images, c

L'imagerie des inventions

L'imagerie des petits gourmands

L'imagerie de l'histoire

L'imagerie de A

L'imagerie de Noël

L'imagerie des animaux

128 pages – couverture mousse